WEISSES MARIONETTENPFERDCHEN

THEATERSPIEL

Peter Heinl

WEISSES MARIONETTENPFERDCHEN

THEATERSPIEL

THINKAEON

Copyright © Peter Heinl, 2017

Thinkaeon®

Thinkclinic® Publications

Thinkclinic® Limited

32 Muschamp Road

GB London SE15 4EF

ISBN 978-0-9935802-5-3

Der Autor/Verlag dankt für das Respektieren des folgenden Hinweises: Alle Rechte vorbehalten. Der Nachdruck ist, auch auszugsweise, nicht gestattet. Kein Teil dieses Werkes darf ohne schriftliche Einwilligung des Autors/Verlags in irgendeiner Form (Fotokopie, Mikrofilm, Digital, Audio, TV oder irgendeinem anderen Verfahren) – auch nicht für Zwecke der Unterrichtsgestaltung – reproduziert oder unter Verwendung elektronischer Systeme verarbeitet, vervielfältigt oder verbreitet werden.

www.thinkclinic.com

drpheinl@btinternet.com

Twitter: @DrPeterHeinl und @Thinkclinic

Facebook: peter.thinkclinic und thinkclinic

LinkedIn: Peter Heinl

Xing: Peter Heinl

Gestaltung und Umsetzung: uwe kohlhammer

Umschlagabbildung: Peter Mittmann

Den Worten gewidmet,

die so vieles sagen,

selbst dann, wenn sie schweigen

INHALT

TEIL I 11

SZENE 1 13

SZENE 2 21

SZENE 3 33

SZENE 4 47

TEIL II 53

SZENE 5 55

SZENE 6 63

SZENE 7 71

SZENE 8 83

DANK 95

BÜCHER
VON HILDEGUND HEINL UND PETER HEINL 97

Diese Bemerkung schien mir zuerst einiges Licht über das Vergnügen zu werfen, das er in dem Theater der Marionetten zu finden vorgegeben hatte. Inzwischen ahndete ich bei weitem die Folgerungen noch nicht, die er späterhin daraus ziehen würde.

Heinrich von Kleist, Über das Marionettentheater

TEIL I

SZENE 1

Ein modern eingerichteter Raum mit Möbeln im Stil von Mies van der Rohe. Ein Glastisch befindet sich in der Mitte des Raums. Auf dem Tisch steht eine Vase mit roten Rosen. An der Wand hängt ein Bild von Mark Rothko. Der Blick aus dem Fenster fällt auf einen Park. Es ist früher Abend.

Eine Frau namens Agathe sitzt auf einem Lehnstuhl, Zeitung lesend.

Ihr Mann, Hermann, sitzt am Schreibtisch, Briefe schreibend.

Hermann hält plötzlich im Schreiben inne, als sei ihm etwas eingefallen.

Dann sagt er leise vor sich hin.

HERMANN	Marionette.
AGATHE	Was hast du gesagt?
HERMANN	Marionette.
AGATHE	Ach so, ich habe verstanden: Marianne.
HERMANN	Nein, Marionette.
AGATHE	Ach, Marionette.

HERMANN	Ja, Marionette.
AGATHE	Ach so.
HERMANN	Ja.
AGATHE	Nun gut denn.

Agathe schweigt und vertieft sich wieder in die Zeitung, von Zeit zu Zeit ein Blatt umwendend.
Hermann senkt wieder den Kopf und konzentriert sich auf das Briefeschreiben. Wenn er ein oder zwei Seiten fertig hat, faltet er den Brief sorgfältig zusammen, öffnet den Umschlag und legt den Brief hinein. Dann klebt er die Briefmarke auf den Brief. Plötzlich, während er einen Luftpostbrief beendet und eine Briefmarke aufkleben will, hält er inne, und wendet sich an Agathe.

HERMANN	Agathe, was kostet ein Luftpostbrief in die USA?
AGATHE	Ach, du schreibst auch in die USA?
HERMANN	Ja, geschäftlich.
AGATHE	Ich habe keine Ahnung, was das Porto kostet. Ich schreibe nie in die USA. Ich war auch noch nie in den USA. Leg den Brief doch einfach auf die Briefwaage.

Hermann legt den Brief auf die Briefwaage. Er prüft und prüft nochmals und sagt zu sich.

HERMANN	Damit komme ich nicht klar. Ich muss den Brief morgen zur Post bringen.
AGATHE	Was hast du gesagt?
HERMANN	Dass ich mit der Briefwaage nicht klar komme und ich den Brief selbst aufgeben muss.
AGATHE	Aber Hermann, was ist denn da das Problem? Du brauchst doch nur auf den Zeiger der Briefwaage schauen und dann in dem kleinen Postheftchen die Portogebühren nachsehen. Das ist doch ganz einfach.

Agathe schmunzelt.

HERMANN	Du hast recht. Das habe ich schon gemacht. Aber ich glaube, das Heftchen für die Postgebühren ist veraltet. Darauf möchte ich mich nicht verlassen. Es wäre mir sehr peinlich, wenn der Brief unterfrankiert wäre.
AGATHE	Hauptsache, der Brief kommt in die USA.
HERMANN	Aber genau das ist das Problem. Ich bin nicht sicher, ob der Brief dann auch befördert wird oder ob der Adressat Strafgebühren zahlen muss. Das wäre mir höchst peinlich.

AGATHE Dann kleb doch einfach mehr Briefmarken drauf als du meinst, dass notwendig wären.

Hermann lacht.

HERMANN Gute Idee, aber das wäre eine Verschwendung. Ich glaube, ich gehe am besten morgen schnell bei der Post vorbei.

AGATHE Ich kann den Brief auch morgen für dich bei der Post abgeben.

HERMANN Vielen Dank, Agathe. Es macht mir wirklich nichts aus. Morgen früh werde ich nicht lang am Schalter warten müssen. Der Brief geht dann auch schon morgen in die USA. Ich werde mir das neueste Gebührenheftchen und vielleicht auch Sondermarken besorgen. Du weißt doch, mein Patenkind sammelt Sondermarken. Aber auf jeden Fall vielen Dank.

AGATHE Wo in den USA geht denn der Brief hin, Hermann?

HERMANN Nach Michigan.

AGATHE Und wo ist Michigan?

HERMANN Da solltest du mich bitte nicht so genau festnageln. Es ist einer der Staaten in den USA.

AGATHE	Einer von diesen fünfzig Staaten?
HERMANN	Ich weiß nicht genau, ob es fünfzig Staaten sind oder noch mehr oder weniger. Ich glaube, neulich ist wieder einer dazugekommen.
AGATHE	Und Michigan ist einer dieser Staaten?
HERMANN	Du weißt doch, wie das mit den Staaten ist.
AGATHE	Ist das wie mit den Bundesländern?
HERMANN	Ich glaube, so ähnlich. Du siehst, da sind auch einige dazugekommen. Erst hießen sie die alten Bundesländer und die neuen und dann die ehemaligen alten und die ehemaligen neuen und irgendwann werden es einfach vielleicht zwanzig Bundesländer sein. So genau weiß ich es auch nicht.

Agathe lacht.

AGATHE	Aber Hermann, das solltest du wissen, wie viele Bundesländer es in deinem eigenen Land gibt.
HERMANN	Du hast recht, Agathe. Aber dann denke ich wieder, vielleicht wird sich das mit der Zahl der Bundesländer auch wieder ändern. Man spricht schon davon, vielleicht das eine oder andere zusammenzulegen. Vielleicht

wird es noch mehr Bundesländer geben. Man spricht inzwischen von europäischen Bundesländern. Es gab einmal zwei Deutschlands und jetzt gibt es wieder ein Deutschland und es gibt Leute, die denken, dass es besser war mit zwei Deutschlands als heute mit einem Deutschland. Deswegen behalte ich mir das nicht. Kaum habe ich mich an das Eine gewöhnt, kommt schon wieder etwas Neues. Vielleicht ist es so ähnlich wie mit dem Briefporto. Deshalb weiß ich es immer nur ungefähr.

AGATHE Hermann, du bist schon merkwürdig! Weißt du, wie spät es ist?

Hermann schaut auf die Wanduhr.

HERMANN Halb acht.
AGATHE Halb acht oder ungefähr halb acht?
HERMANN Jetzt war es gerade halb acht.
AGATHE Na gut.

Agathe liest wieder die Zeitung, während Hermann weiter an einem Brief schreibt.
Zwischendurch schaut Hermann zum Fenster, als denke er nach.

AGATHE	Hermann, du hast doch vorhin das Wort „Marionette" gebraucht?
HERMANN	Ja, stimmt.
AGATHE	Und was meintest du damit?
HERMANN	Wieso fragst du mich?
AGATHE	Irgendwie erscheint es mir jetzt ungewöhnlich. Es kam so aus dem Blauen.
HERMANN	Aus dem Blauen meinst du? Ein schöner Begriff.
AGATHE	Es war merkwürdig, dass du plötzlich dieses Wort gesagt hast.
HERMANN	Kennst du es nicht?
AGATHE	Doch, schon.
HERMANN	Ja, dann ist es doch gut so.
AGATHE	Nein, ich meine, wie kamst du auf das Wort?
HERMANN	Ich habe nicht darüber nachgedacht. Es kam einfach so.
AGATHE	Ach.
HERMANN	Ja, so war es.
AGATHE	Ein komischer Kauz bist du.

Agathe schüttelt den Kopf.

HERMANN	Vielleicht. Aber wenigstens habe ich jetzt ein paar Briefe geschrieben.

Agathe schweigt.

SZENE 2

AGATHE	Hermann, bist du nicht hungrig?
HERMANN	Nein, im Moment noch nicht.
AGATHE	An und für sich wäre es Zeit, ans Abendessen zu denken.
HERMANN	Gute Idee, aber ich bin nicht hungrig.
AGATHE	Aber es ist halb acht und wird schon ein bisschen dunkel.
HERMANN	Ich weiß auch nicht, warum es so ist. Aber im Moment bin ich wirklich noch nicht hungrig und außerdem würde ich lieber meine Korrespondenz erledigen.

Agathe schweigt. Hermann schreibt weiter. Agathe blättert wieder eine Seite der Zeitung um.
Dann ergreift Agathe wieder das Wort.

AGATHE	Hermann.
HERMANN	Ja, Agathe.
AGATHE	Wem schreibst du denn jetzt gerade?
HERMANN	Dem Herrn Weierling.

AGATHE	Und wer ist der Herr Weierling?
HERMANN	Er hat sich neulich für ein Projekt interessiert, eines dieser Bauprojekte, und hat angefragt, ob er noch nähere Informationen haben könnte. Ich wollte ihm nicht einfach nur das Informationsmaterial zuschicken.
AGATHE	Und warum nicht?
HERMANN	Es wäre zu unpersönlich.
AGATHE	Und wo wohnt er?
HERMANN	In Schwerin.
AGATHE	Ach, in Schwerin. Musst du da nicht ein O vor die Postleitzahl setzen?
HERMANN	Ja, das stimmt. Ich vergesse es immer wieder, O für Osten. Aber eigentlich stimmt es ja auch nicht mehr so mit dem Osten und dem Westen.
AGATHE	Wieso?
HERMANN	Eigentlich sollte es doch keinen Unterschied mehr machen mit dem Osten und dem Westen.
AGATHE	Ja, eigentlich hast du recht. Dann lass das O doch weg.
HERMANN	Dann landet der Brief vielleicht woanders, in einem anderen Schwerin.
AGATHE	Wie meinst du das?

HERMANN	Vielleicht gibt es noch andere Schwerins oder Schwerine in Deutschland, ich meine in dem ehemaligen Westdeutschland.
AGATHE	Ach so.
HERMANN	Ich meine mich zu erinnern, dass es auch viele Freiburgs gibt. Es gibt sogar ein Freiburg in der Schweiz.
AGATHE	Und warum gibt es so viele Freiburgs?

Hermann lacht.

HERMANN	Vielleicht, weil sich die Menschen damals einbildeten, sie seien frei.
AGATHE	Warum lachst du?
HERMANN	Ach, einfach so.
AGATHE	Schwerin liegt doch an der Ostsee?
HERMANN	Genau.
AGATHE	Dann schreib doch auf den Brief Schwerin/ Ostsee und lass das O fort.
HERMANN	Keine schlechte Idee, Agathe. Aber dann dauert der Brief vielleicht trotzdem länger.
AGATHE	Wieso?
HERMANN	Vielleicht gibt es mehrere Schwerins an der Ostsee und selbst, wenn es nur eines gäbe, vielleicht versteht es der Adressenleseautomat nicht, wenn Ostsee

	hinter dem Wort Schwerin steht statt des Buchstabens O vor der Postleitzahl.
AGATHE	Offensichtlich ist es nicht so einfach. Du kannst morgen auf der Post fragen.
HERMANN	Ja, das könnte ich tun. Aber ich denke, man wird mir bestimmt sagen, ich solle einfach das O davor setzen, weil es die Beförderung des Briefs beschleunigt. Denn jetzt ist alles ein Deutschland. Ich solle es mit dem O und dem W nicht so genau nehmen. Die Hauptsache sei, dass der Brief ankäme.
AGATHE	Ich habe noch eine andere Idee.
HERMANN	Agathe, bitte, kannst du dich einen Moment gedulden. Ich muss mich noch auf diesen Brief konzentrieren. Sonst werde ich ihn nie zu Ende bringen. Der Brief ist wichtig.
AGATHE	Sehr wichtig?
HERMANN	Naja, schon, aber nicht lebensentscheidend. Aber eben schon wichtig.
AGATHE	Es war auch nicht so wichtig, die Idee, die ich dir sagen wollte.

Agathe liest weiter die Zeitung.

Hermann schreibt weiter an seinem Brief. Nach einer Weile hält er inne, und zwar bevor er den Brief beendet hat, und schaut aus dem Fenster.

Agathe bemerkt es und schaut von der Zeitung hoch.

AGATHE	Hermann, ist etwas los?
HERMANN	Nein, Agathe, es ist nichts Bestimmtes.
AGATHE	Aber du schaust schon eine Weile aus dem Fenster. Ich dachte, du wolltest den Brief zu Ende schreiben?
HERMANN	Ja, stimmt. Ich denke an nichts Bestimmtes. Irgendwas wollte ich diesem Herrn noch mitteilen. Aber ich weiß jetzt nicht, was es ist.
AGATHE	Dann lass es doch einfach weg.
HERMANN	Daran habe ich auch schon gedacht. Aber dann denke ich wieder, dass es vielleicht doch wichtig wäre, und so weiß ich nicht, was ich tun soll.
AGATHE	Aber dann wirst du doch nicht mit dem Briefeschreiben fertig?
HERMANN	Stimmt.
AGATHE	Fang eben mit dem nächsten Brief an.
HERMANN.	Keine schlechte Idee. Das mache ich auch.

Hermann legt den Briefbogen, an dem er gerade geschrieben hatte, beiseite und holt sich einen neuen, leeren Briefbogen.

HERMANN	Agathe, kommst du morgen zufällig in die Stadt?
AGATHE	Ja.
HERMANN	Könntest du mir bitte einen Stoß Briefpapier mitbringen?
AGATHE	Das kann ich machen. Gewöhnliches oder Büttenpapier?
HERMANN	Ach, so. Ja, vielleicht halbe halbe.
AGATHE	Wie viele Bögen jeweils?
HERMANN	Vielleicht fünfzig Bögen von jedem.
AGATHE	Meinst du, dass das reicht?
HERMANN	Ich denke schon.
AGATHE	Gut, dann kann ich deine Post auch gleich mitnehmen.
HERMANN	Mach dir keine Sorgen. Das erledige ich schon selbst.
AGATHE	Gut, wenn du nicht willst. Wie viele Briefe hast du denn jetzt noch zu schreiben?
HERMANN	Noch drei.
AGATHE	Soll ich dir nicht auch Kuverts und Briefmarken mitbringen?
HERMANN	Das wäre eine gute Idee.
AGATHE	Wie viele?
HERMANN	Am besten, sagen wir, hundert Kuverts und die entsprechenden Briefmarken.

AGATHE	Aber du wolltest doch selbst zur Post gehen?
HERMANN	Stimmt. Das habe ich beinahe schon vergessen. Dann brauchst du die Briefmarken nicht zu besorgen. Ich gebe den Brief in die USA auf, kaufe die Sondermarken für mein Patenkind und den Stoß gewöhnlicher Briefmarken. So haben wir die Arbeit auch ein bisschen geteilt.
AGATHE	Wo geht denn der Brief in die USA hin?
HERMANN	Nach Michigan.
AGATHE	Ich meine, in welche Stadt?
AGATHE	Georgetown.
AGATHE	Ach so. Vielleicht gibt es da auch mehrere Georgetowns?
HERMANN	Das ist gut möglich.
AGATHE	Und das beunruhigt dich nicht?
HERMANN	Nein. Ich denke, der Brief wird schon ankommen.
AGATHE	Bist du sicher?
HERMANN	Ja, die Luftpost in die USA klappt einwandfrei.
AGATHE	Besser als nach Schwerin?

Hermann lacht.

HERMANN	Ich bin doch kein Postexperte. Ich sage es nur, weil noch nie ein Brief in die USA verloren gegangen ist.
AGATHE	Ach so.

Agathe schweigt wieder eine Weile.
Hermann wechselt plötzlich den Bogen Briefpapier.

AGATHE	Bist du jetzt fertig?
HERMANN	Nein, ich habe nur die Briefbögen gewechselt, weil mir jetzt einfiel, was ich dem Herrn aus Schwerin noch schreiben wollte.
AGATHE	Und was war es?
HERMANN	Ich wollte ihm einfach sagen, dass er gern auch vorbeikommen kann, wenn ihn das Projekt besonders interessiert. Wir würden ihm auch eine Übernachtungsmöglichkeit verschaffen.
AGATHE	Wen meinst du mit wir?
HERMANN	Keine Angst, Agathe. Ich meine, wir im Büro.
AGATHE	Aber warum hast du so lange überlegt?
HERMANN	Ich weiß nicht, Agathe. Ich wollte ihm nicht zu nahe treten. Ich weiß auch nicht, wie ich reagieren würde, wenn er sagt, ich könnte

	zu ihm kommen. Ich habe ihn doch noch gar nicht gesehen.
AGATHE	Aber warum bietest du es ihm denn an?
HERMANN	Mir kam einfach so die Idee.
AGATHE	Und wenn er jetzt tatsächlich sagt, er wolle kommen?
HERMANN	Ja, dann werden wir weiter sehen.
AGATHE	Ich bin froh, dass du jetzt nur noch zwei Briefe zu schreiben hast.
HERMANN	Es tut mit leid, Agathe. Vielleicht hätte ich diese ganze Korrespondenz im Büro erledigen sollen. Aber irgendwie hatte ich dazu auch keine Lust mehr. So habe ich sie eben hierher nach Hause mitgebracht.
AGATHE	Es ist schon in Ordnung.
HERMANN	Ich weiß, dass es dich vielleicht langweilt. Aber andererseits muss ich die Korrespondenz erledigen. Es nimmt mir niemand ab.
AGATHE	Ginge es denn nicht schneller per Fax?
HERMANN	Ja und nein. Denn überlegen muss ich immer noch und das dauert am längsten.
AGATHE	Ich dachte, inzwischen weißt du das meiste in deinem Beruf.

Hermann lacht.

HERMANN	Manchmal denke ich, ich weiß immer weniger.

Hermann schreibt weiter.

AGATHE	Weißt du denn jetzt, warum dir das Wort „Marionette" eingefallen ist?
HERMANN	Du bist aber bohrend.
AGATHE	Ach, ich meine es nicht so ernst. Es interessiert mich nur, wie du so plötzlich auf dieses Wort gekommen bist.
HERMANN	Ich weiß es immer noch nicht. Es kam einfach so. Aber jetzt fällt mir ein, dass ich einmal eine schöne Marionette gesehen habe, und zwar war es ein weißes Marionettenpferdchen.
AGATHE	Wie meinst du das?
HERMANN	Es war ein aus hartem Papier angefertigtes kleines Pferdchen mit beweglichen Gelenken, einem elegant geformten Kopf und einem Papierschweif. Der Künstler, der es angefertigt hatte, hielt es an vielen dünnen Fäden, die alle an einem Doppelkreuz befestigt waren.
AGATHE	Und was ist ein Doppelkreuz?

HERMANN	Stell dir vor, dass es vieler Fäden bedarf, um all die komplizierten Bewegungen eines solchen Marionettenpferdchens, das Laufen, Traben und selbst das Springen, das Schütteln des Kopfs und des Schweifs nachzuahmen. Mit nur einem Kreuz, das man in vier verschiedene Richtungen senken und heben kann, wäre eine solche Nachahmung der natürlichen Bewegungen nicht möglich. So hat der Künstler durch die Kreuze, die wiederum locker miteinander verbunden waren, die Variationsmöglichkeiten der Bewegungsmuster um ein Vielfaches erhöhen können.
AGATHE	Es scheint, das Marionenettenpferdchen hat dich beeindruckt.
HERMANN	Oh ja. Es ist viele Jahre her, seit ich es sah. Das war in meiner Schulzeit.
AGATHE	So lange schon?
HERMANN	Ja, aber irgendwie ist es in meiner Erinnerung geblieben wie die Pferde der spanischen Reitschule. Du kennst diese eleganten weißen Pferde?
AGATHE	Ja, die habe ich schon gesehen.
HERMANN	Die spanische Reitschule ist in Wien.
AGATHE.	Das weiß ich.

HERMANN	Ich wollte es nur einfach sagen.
AGATHE	Und da hast du an die spanische Reitschule in Wien gedacht?
HERMANN	Ich weiß es nicht, Agathe. Ich weiß nicht einmal, ob ich an die lebenden weißen Pferde gedacht habe oder an das Marionettenpferdchen, das auf einmal anfing, sich in der Luft zu bewegen und so voller Grazie zu tanzen, als sei es ein winziges, weißes, spanisches Reitpferd, das aus Wien entflogen war.
AGATHE	Seltsam, Hermann. Aber sag mal, wie viele Briefe hast du jetzt noch zu schreiben?
HERMANN	Noch zwei, Agathe. Wenn ich mich jetzt etwas mehr konzentriere, werde ich die Briefe auch bald zu Ende geschrieben haben.

SZENE 3

Hermann faltet einen Brief zusammen.

AGATHE Ist dies jetzt der letzte Brief?
HERMANN Nein, der vorletzte.
AGATHE Dann bist du bald fertig.
HERMANN Ich denke schon.
AGATHE Bevor du weiterschreibst, dreh dich doch einmal um.

Hermann steckt den Brief in das Kuvert.

HERMANN Noch einen Moment, ich muss das Kuvert noch adressieren.

Agathe wartet.
Hermann klebt die Briefmarke auf das Kuvert.

HERMANN Jetzt bin ich so weit, mich umzudrehen.

Hermann dreht sich um.

| HERMANN | Was ist denn? |
| AGATHE | Schau dich doch einmal um. |

Hermann schaut sich um, wobei er den Blick über den ganzen Raum gleiten lässt, ohne von seinem Stuhl aufzustehen. Hermann wirkt zunehmend perplex und fragt schließlich.

HERMANN	Was gibt es denn zu sehen?
AGATHE	Hast du es noch nicht entdeckt?
HERMANN	Nein.

Agathe wirkt leicht enttäuscht.

AGATHE	Nein?
HERMANN	Wirklich nicht, es tut mir leid.
AGATHE	Schon gut. Dann konzentriere dich doch einmal auf den Tisch.

Hermann schaut auf den Tisch.
Nach einer Weile fragt er.

HERMANN	Meinst du etwa die Rosen?
AGATHE	Ja, genau, die Rosen.
HERMANN	Ach so.

AGATHE	Und, was sagst du dazu?
HERMANN	Ja, sie sind schön.
AGATHE	Ich habe sie gestern gekauft.
HERMANN	Ach so.
AGATHE	Ich habe sie für dich gekauft.
HERMANN	Für mich?
AGATHE	Ja, für dich.
HERMANN	Aber ich habe doch gar nicht Geburtstag. Es gibt keinen besonderen Anlass.
AGATHE	Ich weiß. Ich habe die Rosen einfach ohne einen besonderen Anlass gekauft.
HERMANN	Für mich?
AGATHE	Ja, genau für dich.
HERMANN	Ach so, jetzt verstehe ich. Vielen Dank. Hast du sie auch unten angeschnitten, damit sie länger halten?
AGATHE	Das habe ich gemacht. Ich habe auch Pflanzensalz dazu geschüttet, damit sie länger halten.
HERMANN	Das ist gut. Sehr schön.

Hermann dreht sich wieder zu seinem Schreibtisch um.

HERMANN	Vielen Dank. Das ist eine richtige Überraschung.
AGATHE	Gefallen dir die Rosen auch?

HERMANN	Du weißt doch, rot ist meine Lieblingsfarbe.
AGATHE	Deswegen habe ich sie auch ausgesucht. Die Rosen fielen mir sofort ins Auge, als ich in dem Blumenladen stand.
HERMANN	Gut, aber jetzt muss ich noch schnell den letzten Brief schreiben.
AGATHE	Wie lang wirst du denn noch schreiben?
HERMANN	Ich schätze, fünf bis zehn Minuten. Ich weiß es vorher nie so recht genau. Manche Briefe dauern einfach länger als andere. Du hast gesehen, wie lang ich bei dem einen Brief überlegen musste, bis mir das Passende einfiel.
AGATHE	Ich weiß. Aber ich habe meine Zeitung schon zu Ende gelesen. Soll ich in die Küche gehen, um das Abendessen vorzubereiten?
HERMANN	Ach, lass mal. Bleib noch ein bisschen sitzen. So lang wird es nicht mehr dauern. Du kannst dir ja ein Buch ansehen.
AGATHE	Dazu habe ich jetzt keine große Lust. Könnte ich den Fernseher anstellen?
HERMANN	Ehrlich gesagt würde es mich stören.
AGATHE	Na gut, dann lass ich es eben. Ach, ich blättere einfach die Zeitung noch einmal von vorn durch. Vielleicht schau ich mir die Heiratsannoncen an.

Hermann wirkt erstaunt.

HERMANN　　Heiratsannoncen? Aber du bist doch schon verheiratet?

Agathe lacht.

AGATHE　　Ja, aber man weiß nie …
HERMANN　　Wie meinst du das?

Agathe lacht immer noch.

AGATHE　　Einfach so. Vielleicht fällt mir auch manchmal einfach etwas ein, ohne dass ich darüber groß nachgedacht habe. Auch bei den Rosen habe ich nicht groß überlegt.

Hermann dreht sich zu Agathe um.

HERMANN　　Gibt es da nicht einen Unterschied zwischen den Rosen und dem Heiraten?
AGATHE　　Doch, natürlich. Aber du brauchst es nicht so ernst zu nehmen. Es war nur Spaß. Ich wollte dich nicht beunruhigen. Dir kam die Marionette auch einfach so in den Sinn.

> Wolltest du nicht deinen Brief zu Ende schreiben?

Hermann wirkt immer noch perplex.

HERMANN Stimmt. Ich muss mich wirklich beeilen.

Hermann dreht sich wieder zum Schreibtisch um.

HERMANN Agathe, bevor du die Heiratsannoncen durchgehst, könntest du mir bitte noch eine Postleitzahl nachsehen? Dann bin ich schneller fertig.
AGATHE Von welchem Ort?
HERMANN Nordhausen.
AGATHE Ist das Ost oder West?
HERMANN Dieses Mal ist es West.
AGATHE Dann ist die Postleitzahl 4873.
HERMANN Einen Moment. Kannst du es bitte noch einmal wiederholen? Ich schreibe es gleich auf das Kuvert.
AGATHE Also 4 … 8 … 7 … 3.
HERMANN Ich hab's. Danke.
AGATHE Und vergiss nicht das W davor.
HERMANN Stimmt. Vielen Dank.
AGATHE Noch etwas?

HERMANN   Nein, das war's im Moment.

Hermann legt sich einen leeren Papierbogen zurecht.
Agathe blättert wieder die Zeitung durch.

HERMANN   Da war doch noch etwas. Könntest du mir noch den Gefallen tun, mir zu sagen, wo dieses Nordhausen liegt? Einfach aus Interesse.
AGATHE   Und wie soll ich das herausfinden?
HERMANN   Im Regal steht der große Weltatlas. Dort wirst du es im Index finden.

Agathe zieht den Weltatlas aus dem Regal, schlägt ihn auf, sucht im Index, jedoch ohne den gesuchten Ort zu finden.

AGATHE   Da ist Nordhausen nicht verzeichnet.
HERMANN   Nun ja, Pech. Vielleicht ist es einfach ein kleines Kaff.
AGATHE   Tut mir leid. Ich kann noch einmal in dem deutschen Straßenatlas nachsehen.
HERMANN   Gut, wenn es dir nicht zu viel Mühe macht. Ich glaube, er steht in der gleichen Reihe im Regal.

Agathe findet den Atlas, schlägt ihn auf und findet den gewünschten Ort tatsächlich im Index.

AGATHE	Nordhausen liegt im Münsterland.
HERMANN	Vielen Dank. Irgendwie finde ich es schöner, wenn ich weiß, wo der Brief, den ich schreibe, hingehen wird. Beinahe hatte ich mir gedacht, dass der Adressat aus dem Norden kommt.
AGATHE	Wieso?
HERMANN	Einfach so.
AGATHE	Übrigens, wie hieß nochmal der Ort in den USA?
HERMANN	Den brauchst du jetzt nicht nachzusehen.
AGATHE	Es interessiert mich aber.
HERMANN	Wieso? Geografie war doch sonst nie dein Steckenpferd.
AGATHE	Nimm es doch nicht so tragisch. Es interessiert mich einfach. Wie hieß der Ort nochmal?
HERMANN	Georgetown.
AGATHE	Und ist in Michigan?
HERMANN	Ja, richtig, Michigan.

Agathe sucht, nachdem sie den Weltatlas wieder hervorgezogen hat.

AGATHE	Georgetown, ich hab's gefunden. Es scheint ein größerer Ort zu sein. Vermutlich eine größere Stadt an einem der großen Seen. Willst du es sehen?
HERMANN	Nein, es interessiert mich im Moment nicht.
AGATHE	Ach so. Ich dachte, du weißt gern, wo deine Briefe hingehen oder hinfliegen.
HERMANN	Ja, schon. Aber im Moment muss ich mich auf den letzten Brief konzentrieren, sonst werde ich nie damit fertig.
AGATHE	Ich verstehe.

Agathe sieht sich noch eine Weile die Karte an.

AGATHE	Übrigens, Georgetown hat zwischen 50.000 und 100.000 Einwohner.
HERMANN	Ach ja.
AGATHE	Möchtest du sonst noch etwas wissen?
HERMANN	Nein.
AGATHE	Dann stelle ich den Weltatlas wieder ins Regal?
HERMANN	Ja.

Agathe setzt sich wieder auf ihren Stuhl und blättert die Zeitung durch. Ab und zu schmunzelt sie. Plötzlich lacht sie hell auf.

HERMANN   Was ist denn plötzlich in dich gefahren?

Hermann fragt beinahe schroff.

HERMANN   Sind die Heiratsannoncen so zum Lachen?
AGATHE   Entschuldige. Nein, die meisten sind tatsächlich nicht zum Lachen und so ein bisschen spröde. Ich wüsste selbst nicht, was ich in eine solche Heiratsannonce setzen sollte, um sie schmackhaft zu machen.

Hermann wirkt erstaunt.

HERMANN   Das bräuchtest du auch nicht. Du bist verheiratet.
AGATHE   Freilich bräuchte ich es nicht. Es war nur so ein Gedanke. Du denkst ja auch an manches, woran du vielleicht nicht denken solltest. Oder?

Hermann schweigt. Nach einer Pause.

HERMANN	Was war denn so zum Lachen?
AGATHE	Willst du es wirklich wissen?

Hermann nickt irritiert.

HERMANN	Sonst hätte ich nicht gefragt.
AGATHE	Gut, dann lese ich dir die Annonce vor. Vielleicht stimmt sie dich wieder etwas gelassener. Die Annonce ist ungewöhnlich knapp und lautet: „Rosenliebhaber (und -züchter) sucht einmalig schöne Rose. Dornen werden selbstverständlich in Kauf genommen."
HERMANN	Da hat wohl ein Gärtner die Annonce in die Zeitung gesetzt.
AGATHE	Findest du sie nicht originell?
HERMANN	Na ja, irgendwie schon. Aber was soll man sich darunter vorstellen?
AGATHE	Ich weiß es auch nicht. Es stört mich nicht. Ich glaube, es wäre eine Annonce, auf die ich antworten würde.

Hermann stutzt, nun sehr erstaunt.

HERMANN	Ach ...
AGATHE	Das scheint dich zu verwundern?

HERMANN	Ja, schon.
AGATHE	Aber warum denn?
HERMANN	Es ist so vage, so unbestimmt. Irgendwie, ich weiß auch nicht. Man hat so gar nichts in der Hand.

Hermann dreht sich halb auf seinem Stuhl in Richtung Agathe um.

AGATHE	Das ist vielleicht gerade das Reizvolle.
HERMANN	Aber wieso?
AGATHE	Ich weiß auch nicht.
HERMANN	Es ist doch wichtig, dass man irgendeinen Anhaltspunkt hat.
AGATHE	Aber es gibt doch einen Anhaltspunkt.

Hermann ist wiederum erstaunt.

HERMANN	Und welchen?
AGATHE	Er schreibt „Rosenliebhaber".
HERMANN	Na, gut. Aber?
AGATHE	Das ist es gerade. Er ist ein Liebhaber von Rosen. Das sagt er von sich. Er meint wohl nicht nur die Rosenpflanzen. Er meint es auch symbolisch.

HERMANN	Na, ja. Vielleicht fehlt mir die romantische Ader.
AGATHE	Vielleicht, ach, ich weiß auch nicht.
HERMANN	Was wolltest du sagen?
AGATHE	Eigentlich nichts.
HERMANN	Dann werde ich jetzt weiterschreiben.
AGATHE	Doch, etwas wollte ich noch sagen, Hermann.
HERMANN	Was denn?
AGATHE	Das Marionettenpferdchen schien dir doch auch gefallen zu haben.
HERMANN	Das war eine Erinnerung. Es ist schon lang her. Außerdem war es nur das Wort Marionette, das mir in den Sinn kam, und es bedeutet wiederum auch nicht so viel. Einfach eine Art Spielzeug, im Grunde kindliches Spielzeug, das an Fäden hängt.
AGATHE	Ich weiß gar nicht, woher das Wort Marionette stammt.
HERMAN	Ich auch nicht. Vielleicht ist es italienisch.
AGATHE	Kann gut sein.
HERMANN	Aber jetzt muss ich mit dem Brief vorankommen.

SZENE 4

AGATHE · Hermann, bist du inzwischen nicht doch hungrig?
HERMANN · Nein, noch nicht.
AGATHE · Du hast schon seit Mittag nichts mehr gegessen.
HERMANN · Das stimmt, aber ich bin wirklich nicht hungrig. Es tut mir leid, dass es so lang dauert mit diesen Briefen. Mir wäre es auch am liebsten, wenn ich diese Korrespondenz schon abgeschlossen hätte. Aber wenn du hungrig bist, dann hol dir doch eine Schnitte in der Küche.
AGATHE · Was soll's. Wir werden ohnehin bald essen.
HERMANN · Nein, wirklich. Es stört mich nicht, wenn du dir schnell in der Küche etwas holst.
AGATHE · Das ist mir jetzt zu umständlich. Du hast sowieso nur noch diesen einen Brief zu schreiben. Stimmt's?
HERMANN · Ja, genau.
AGATHE · Wo geht dieser Brief nochmals hin?

| HERMANN | Nach Nordhausen. |
| AGATHE | Ja, richtig. |

Agathe schweigt. Dann fährt sie nach einer kleineren Pause fort.

AGATHE	Hermann, wollen wir heute hier essen oder ausgehen?
HERMANN	Es ist mir gleich.
AGATHE	Wozu hättest du denn Lust?
HERMANN	Eigentlich wäre es doch am Einfachsten, wenn wir zu Hause essen. Es ist inzwischen auch schon bald acht Uhr.
AGATHE	Wie spät ist es genau?

Hermann schaut auf die Wanduhr.

HERMANN	Es ist viertel vor acht.
AGATHE	Na, ich denke, es müsste noch möglich sein, eine Reservierung zu bekommen.
HERMANN	Vielleicht. Man müsste anrufen.
AGATHE	Aber was würdest du denn am liebsten machen?
HERMANN	Sag du doch einmal.
AGATHE	Ich fände, es wäre schön, wenn du heute einmal bestimmen würdest.

HERMANN	Ehrlich gesagt fühle ich mich wirklich ein bisschen zu müde. Ich habe heute so viel um die Ohren gehabt. Die Arbeit wird jedes Jahr mehr, trotz der ganzen Rationalisierungen.
AGATHE	Schade. Es ist schon einige Zeit her, dass wir ausgegangen sind. Wenn ich es mir genau überlege, ist es schon recht lang her.
HERMANN	Ja, so ist es wohl. Ich denke, es geht allen so.
AGATHE	Aber hättest du nicht Lust, mit mir auszugehen? Wie wäre es mit der spontanen Idee, einmal auszugehen statt zu Hause zu bleiben?
HERMANN	Das fände ich schon ganz gut. Aber irgendwie bin ich heute zu müde dazu. Ich sagte es ja schon.
AGATHE	Kann ich dich vielleicht etwas animieren?
HERMANN	Ich glaube, das bringt heute nicht viel. Erst muss ich sowieso diesen Brief noch fertig schreiben und dann muss ich mir noch ein Projekt, das wir vor ein paar Tagen angefangen haben, genauer durch den Kopf gehen lassen, weil wir morgen eine wichtige Besprechung haben. Dazu brauche ich etwas Ruhe und da ist das Ausgehen doch zu aufwändig. Morgen muss ich auch wieder so früh aufstehen.

AGATHE	Ich verstehe. Schade. Dann werden wir eben heute wieder hier essen. Ich denke, eine Abwechslung hätte uns gut getan.
HERMANN	Da hast du recht. Aber ich kann es auch nicht ändern. Die Arbeit muss erledigt werden. Niemand nimmt sie mir ab.
AGATHE	Und ich kann dir auch nicht helfen?
HERMANN	Nein, leider nicht.
AGATHE	Dann werde ich weiter die Heiratsannoncen lesen.

Agathe greift wieder die Zeitung auf und liest die Annoncen weiter. Hermann schreibt weiterhin an seinem Brief.

HERMANN	Ob ich diesen Brief heute noch zu Ende kriege? Allmählich geht meine Konzentration den Berg hinunter. Ich merke, dass ich mehr und mehr die Lust an diesem Brief verliere. Vielleicht hätte ich ihn zuerst schreiben sollen.

Agathe lacht leicht spöttisch.

AGATHE	Das kommt eben davon, wenn man sich die schwierigsten Dinge aufhebt und so lang

	vor sich herschiebt, bis man zu müde ist, sie zu erledigen.
HERMANN	Du hast gut reden.
AGATHE	Ich meine es nicht so. Aber es ist doch so. Es wäre geschickter gewesen, die leichten Briefe später zu schreiben, nachdem der schwierige Brief aus dem Weg geräumt ist. Wenn du jetzt nur noch den Brief in die USA zu erledigen hättest, wäre alles einfacher. Dann hätten wir heute Abend doch noch ausgehen können.
HERMANN	Gut lachen hast du auch.
AGATHE	Eigentlich nicht, denn ich habe nicht viel davon, wenn wir nicht ausgehen und du müde bist, und morgen geht dann schon die Arbeit weiter und heute Abend wirst du wohl hauptsächlich an das Projekt denken.
HERMANN	Es tut mir leid. Es ist nun einmal so.

Agathe spricht halblaut zu sich selbst.

AGATHE	Ob der Rosenliebhaber mehr Zeit hätte?
HERMANN	Was hast du gesagt?
AGATHE	Ach, nicht wichtig.
HERMANN	Hatte es wieder etwas mit diesem Rosenliebhaber zu tun?

AGATHE	Ich habe nur so für mich gedacht, ob der Rosenliebhaber vielleicht mehr Zeit hätte.
HERMANN	Bestimmt. Er hat auch nichts anderes zu tun, als Rosen anzuschauen. Das ist keine Kunst.
AGATHE	Vielleicht ist es am besten, du schreibst jetzt deinen Brief fertig. Sonst haben wir heute Abend nicht einmal mehr Zeit zum Abendessen.
HERMANN	Na ja, du brauchst auch nicht zu übertreiben.
AGATHE	Statt hier zu sitzen, könnte ich deine Post noch auf das Postamt bringen.
HERMANN	Das brauchst du nicht. Außerdem hat das Postamt jetzt schon zu.
AGATHE	Nein, an der Hauptpost gibt es einen Nachtschalter, der bis 21 Uhr geöffnet ist.
HERMANN	Ach so, das wusste ich nicht. Aber du brauchst dir keine Sorgen zu machen.
AGATHE	Wie du willst.

TEIL II

SZENE 5

Der gleiche Raum wie in Teil I. Agathe sitzt auf ihrem Stuhl. Die Zeitung liegt auf ihrem Schoß. Sie wirkt sichtlich gelangweilt. Draußen ist es schon dunkel.
Hermann sitzt immer noch am Schreibtisch und schreibt. Die Schreibtischlampe brennt.

AGATHE Hermann, wann bist du denn endlich fertig? Es sind schon mehr als die fünf Minuten für deinen letzten Brief vergangen. Wie spät ist es denn jetzt?

Hermann schaut auf die Wanduhr.

HERMANN Halb neun.
AGATHE Ich wusste doch, dass es schon mehr als fünf Minuten sind.
HERMANN Es tut mir aufrichtig leid.
AGATHE Aber warum brauchst du denn so lang für diesen Brief?
HERMANN Es tut mir leid, dass es so lang dauert.

AGATHE	Aber warum? Antworte mir doch.
HERMANN	Bitte reg dich nicht auf.
AGATHE	Aber du gibst mir keine Antwort. Ich frage dich jetzt noch mal: Warum dauert es so lang mit diesem Brief?
HERMANN	Bitte stör mich jetzt nicht.
AGATHE	Also Hermann, ich bitte dich, mir nochmals zu sagen, warum du so lang dafür brauchst. Warum sagst du es nicht?
HERMANN	Wenn ich mich jetzt darauf einlasse, dann werde ich nie fertig werden.

Agathe ist inzwischen sichtlich irritiert.

AGATHE	Noch immer gibst du mir keine Antwort. Sag mal, glaubst du wirklich, du könntest mich wie ein kleines Mädchen abkanzeln?
HERMANN	Ich kanzle dich nicht ab.
AGATHE	Aber du gibst mir keine Antwort auf meine Frage.
HERMANN	Doch, ich sage doch, dass, wenn ich mich jetzt auf die Beantwortung deiner Frage einlasse, ich nie fertig werde.
AGATHE	Aber das ist doch keine Antwort auf meine Frage.
HERMANN	Aber doch.

AGATHE	Nein.
HERMANN	So lasse ich jetzt nicht mit mir umspringen.
AGATHE	Ich auch nicht. Zuerst mir partout die Antwort auf meine Frage verweigern und dann sich auch noch so aufführen.
HERMANN	Was heißt hier verweigern? Ich habe einen langen Arbeitstag hinter mir und jetzt sitze ich noch an meinem letzten Brief und du führst dich so auf. Wohingegen ich mich nicht aufführe, sondern lediglich an meinem Schreibtisch sitze, um die notwendige Korrespondenz zu erledigen.
AGATHE	Jetzt streitest du auch noch ab, wie hochnäsig du dich aufführst. Als ob du nicht in der Lage wärest zu begreifen, dass ich einfach wissen wollte, was du jetzt schreibst.
HERMANN	Weil es nichts bringt und weil es nur dazu führen würde, dass es noch später wird.
AGATHE	Es ist sowieso schon zu spät. Zu spät zum Ausgehen, zu spät für einen gemütlichen Abend, selbst zu spät, um noch etwas Nettes hier zu kochen.
HERMANN	Es tut mir leid, dass es zu spät ist, aber es ist nicht meine Schuld.

AGATHE	Willst du damit sagen, dass es meine Schuld ist?
HERMANN	Das habe ich nicht gesagt.
AGATHE	Ja, aber was willst du damit sagen?
HERMANN	Das überlasse ich dir.
AGATHE	Das ist doch unglaublich. Zuerst stellst du solche Behauptungen in den Raum, dass du an dieser Verspätung keinen Anteil hättest, und dann erweckst du noch den Eindruck, ich sei schuld.
HERMANN	Das ist deine Interpretation.
AGATHE	Was für ein schwaches Argument! Wenn einem nichts Besseres mehr einfällt, dann kommt man mit Interpretationen.
HERMANN	Das ist auch deine Interpretation.
AGATHE	Schon wieder. Wie langweilig.
HERMANN	Hol dir doch ein Buch, wenn es dir zu langweilig ist.
AGATHE	Ich brauche keine Belehrungen. Übrigens, wer sitzt denn den ganzen Abend am Schreibtisch und schreibt, du oder wer sonst?
HERMANN	Ich bekenne, dass ich es bin.
AGATHE	Na, endlich eine klare Antwort.
HERMANN	Sei doch nicht so spöttisch.
AGATHE	Ich rede, wie ich will.

HERMANN	Schöne Erziehung.
AGATHE	Besser als gar keine.
HERMANN	Ach.
AGATHE	Ach, was denn? Fällt dir nicht mehr ein?
HERMANN	Doch.
AGATHE	Dann sag's doch. Nur Mut, Herr Briefeschreiber.

Hermann dreht sich halb um in Richtung Agathe.

HERMANN	Du gehst mir allmählich auf den Wecker.

Agathe lacht spöttisch.

AGATHE	Endlich mal eine Reaktion. Das gefällt mir, Hermann, du wirst ja richtig munter.

Hermann, verblüfft.

HERMANN	Ich glaube, dir ist nicht mehr zu helfen.
AGATHE	Denkst du wohl, ich ticke nicht mehr richtig? So richtig schön funktionieren, wie du es möchtest, und stundenlang die Zeitung umblättern und immer warten, bis du deine Korrespondenz erledigt hast, und dann auf meine Frage so eine bescheuerte Antwort

	zu bekommen, als dürfte es mich vielleicht nicht auch einmal interessieren, was du schreibst?
HERMANN	Stell dich doch nicht so an.
AGATHE	Ist das alles, was dir Kratzelfritze dazu einfällt?
HERMANN	Ich bin kein Kratzelfritze.
AGATHE	Was denn sonst?
HERMANN	Ich verbitte mir das.
AGATHE	Das kannst du ruhig.
HERMANN	Tue ich auch.
AGATHE	Ich sag es trotzdem noch einmal, dass du ein Kratzelfritze bist.
HERMANN	Nein.
AGATHE	Doch.
HERMANN	Nein.
AGATHE	Doch.
HERMANN	Nein.
AGATHE	Du bist nicht nur ein Kratzelfritze. Du bist ein Tintenfisch. Du schwimmst in Tinte und wenn ich nur einmal etwas sage, dann stößt du eine schwarze Tintenwolke aus und ich weiß nicht mehr, wo du bist.
HERMANN	Ich bin kein Tintenfisch.
AGATHE	Doch.
HERMANN	Nein.

AGATHE	Du bist sogar eine ganz sture Form von Tintenfisch, ein Tintenfisch obstinatus. Das weiß ich noch aus dem Lateinunterricht.
HERMANN	Ach, jetzt hast du wieder geglänzt.
AGATHE	Was für ein tolles Kompliment! Ich lechze nach solchen Komplimenten.
HERMANN	Antworte doch dem Rosenfritzen. Der schickt sie dir per Fleurop.
AGATHE	Jetzt wirst du richtig gemein.
HERMANN	Ich will nur endlich meine Ruhe haben.
AGATHE	Ruhe ist die erste Bürgerpflicht, sagte schon einer der Preußenkönige.
HERMANN	Bildungsmensch.
AGATHE	Wie toll, dass du mich als Menschen titulierst. Ansonsten bin ich doch immer nur die Frau vom Hermann oder 'deine Frau'. Wie ehrenvoll!
HERMANN	Ja, sind wir nun einmal verheiratet oder nicht?
AGATHE	Auf dem Papier schon.

SZENE 6

AGATHE
: Ich habe jetzt die Nase voll von dieser Herumsitzerei und darauf zu warten, bis du deine Doktorarbeit geschrieben hast.

HERMANN
: Ich schreibe keine Doktorarbeit.

AGATHE
: Na, dann eben ein Traktat über Tintenfische. Schreib doch ein Traktat über die Seelenverwandtschaft zwischen dem Mittelmeertintenfisch und dem deutschen Mann. Wird bestimmt ein Bestseller.

HERMANN
: Blödsinn! Wie man nur auf einen solchen Blödsinn kommen kann.

Hermann schüttelt den Kopf.

AGATHE
: Vielleicht wird es Zeit, dass einmal ein frisches Lüftchen durch deinen Hirnstall weht.

HERMANN
: Also allmählich reicht es mir, mich immer von dir so angiften zu lassen. Du sagtest doch, dass du die Nase voll hast. Wolltest

	du nicht in die Küche gehen, um dir etwas zu essen zu machen?
AGATHE	Stimmt, da hast du recht.
HERMANN	Na also, warum machst du es nicht?
AGATHE	Muss ich es mir von dir auch noch vorschreiben lassen? Ach Mensch, lass mich in Ruhe.
HERMANN	Was ist eigentlich heute Abend in dich gefahren?

Hermann bleibt noch auf seinem Schreibtischstuhl sitzen, dreht sich nun aber ganz in Blickrichtung zu Agathe.

AGATHE	Ich habe einfach die Nase voll.

Hermann sieht Agathe erstaunt an.

HERMANN	Aber wovon denn?
AGATHE	Von dir, Hermann, du Blödmann.
HERMANN	Ein eindrucksvolles Wortspiel. Es könnte aus einem Gedicht stammen.
AGATHE	Dieser bescheuerte Sarkasmus. Ich habe einfach die Nase voll.
HERMANN	Aber wieso denn von mir?
AGATHE	Begreifst du nicht, du Hornochse?

HERMANN	Was begreife ich nicht? Was soll ich denn begreifen? Ich sitze hier ganz friedlich und erledige die Korrespondenz. Ich bin ja auch vorangekommen, aber auf einmal gehen bei dir die Geduld und die guten Manieren durch. Was habe ich denn verkehrt gemacht?
AGATHE	Es ist sinnlos. Lieber rede ich mit einem tiefgefrorenen Moschusochsen.
HERMANN	Na ja, wenn es dir Spaß macht?
AGATHE	Du begreifst immer noch nicht. Ein Idiot bist du, ein Idiot. Du sitzt auf der Leitung. Du griffelst vor dich hin. Du griffelst und griffelst und du würdest auch noch bis zum Jüngsten Gericht griffeln.

Hermann fährt energisch dazwischen.

HERMANN	Nun übertreib nicht.
AGATHE	Unterbrich mich nicht!
HERMANN	Doch, ich kann unterbrechen, wann ich will. Solche unglaublichen Verdrehungen ...
AGATHE	Bei dir kommt man ...
HERMANN	Jetzt unterbrichst du mich!
AGATHE	Dummkopf. Bei dir kommt man nicht einmal mit den verrücktesten Übertreibungen weiter.

HERMANN	Unglaublich.
AGATHE	Genau.
HERMANN	Nein, nicht ich bin unglaublich, sondern du mit deinen wilden Unterstellungen.
AGATHE	Ach was, du Papiermühle.
HERMANN	Ich bin keine Papiermühle.
AGATHE	Quark. Es ist schade um den deutschen Wald.
HERMANN	Ungezogen bist du. Du kennst überhaupt keine Manieren mehr.
AGATHE	Die verlernt man bei dir.
HERMANN	Bei mir? Das ist doch unglaublich.
AGATHE	Ach, tu nicht so.
HERMANN	Du wirfst doch die ganze Zeit mit solchen Klumpen.
AGATHE	Wie soll man denn gegen eine solche Mauer ankommen? Wie eine riesige chinesische Mauer stehst du da in der Landschaft und ich stehe davor und ich bitte und ich frage und ich sage und ich bitte und ich bettle und ich frage und ich frage nochmals und nochmals, bis mir die Stimme wehtut. Ich kaufe schöne rote Rosen in dem Blumengeschäft und ich wickle sie aus dem Papier aus und ich schneide sie dann auch zurecht und arrangiere sie in der Blumenvase und

ich schütte das Salz dazu, damit sie auch möglichst lang halten. Ich stelle sie auf den Glastisch, weil ich denke, dass sie da meinem Herrn Ehegemahl auch gleich ins Auge fallen werden oder sozusagen ins Auge stechen werden. Ich sitze den ganzen Abend hier im Zimmer und ich warte und ich warte und ich blättere die Zeitung um und blättere und ich warte und ich lege die Zeitung auf meinen Schoß, weil ich sie zu Ende gelesen habe, und dann hebe ich sie wieder hoch und blättere wieder von vorn und lese sie zum zweiten Mal und dann warte ich immer noch und dann hoffe ich, dass mein Ehegemahl vielleicht doch vor acht Uhr mit seiner Korrespondenz fertig ist. Und da warte ich dann weiter und dann hebe ich die Zeitung wieder hoch und gehe sie zum dritten Mal durch, wie wenn man Brotkrumen aufliest, um vielleicht ein noch nicht gelesenes Artikelchen zu entdecken, und dann wird mir wieder langweilig und dann fange ich ein bisschen an zu fragen. Und dann haben wir diese aufregende Konversation über Postleitzahlen. Dann stehe ich auf und habe schon Hunger und

	dann warte ich noch und dann gehe ich ans Bücherregal und schaue den Ort, wie hieß er noch …?
HERMANN	Nordhausen.
AGATHE	… nach und dann dann setze ich mich wieder hin und denke, jetzt ist er bald fertig und dann haben wir vielleicht noch ein bisschen Zeit für einen gemeinsamen Abend. Vielleicht können wir sogar noch ausgehen, aber da merke ich schon an deiner Desinteressiertheit, ja, seiner Desinteressiertheit, heute Abend ist da nichts drin. Und dann sagst du auch noch – er möchte ich schon sagen –, heute Abend musst du überdies an das Projekt denken und da vergeht mir die Lust auf den Abend und da möchte ich wenigstens ein bisschen teilhaben an dem, was du noch machen musst, und dann lässt du mich so abfahren und merkst überhaupt nicht, was du da machst, und sagst auch keinen Pieps davon, was du in deinem letzten Brief schreibst, als sei ich so eine Art Angestellte, die so ungezogen ist und ihre Nase in alles hineinstecken will, und du begreifst gar

nicht, dass dieser Brief mir letztlich gar nicht wichtig ist.

Hermann ist verblüfft.

HERMANN   Aber warum hast du denn gefragt, wenn dir der Brief nicht wichtig ist?

AGATHE   Du begreifst doch überhaupt nicht, dass du mir noch wichtig bist! Dass ich wissen will, womit du dich herumschlägst. Du bist so eingenüchtert und versachlicht. Du kapierst das gar nicht mehr, vielleicht bist du schon so eine Art Stein geworden wie die Steine dieser chinesischen Mauer, und es ist vielleicht einfach sinnlos, dagegen weiter anzurennen ...

Agathe ist auf ihrem Stuhl langsam zusammengesunken, hält nun den Kopf in den Schoß und weint leise.

HERMANN   Was soll ich jetzt sagen?

Agathe schweigt.

SZENE 7

HERMANN   Was soll ich denn machen?

Agathe weint und schweigt.

HERMANN   Was soll ich denn machen?

Agathe weint und schweigt noch immer.
Hermann rückt mit seinem Stuhl etwas näher an Agathe heran.

HERMANN   Ich wollte einfach die Briefe so schnell wie möglich zu Ende schreiben und verstehe nicht, warum du so aufgebracht bist.

Agathe schluchzt noch immer.

AGATHE   Verstehen, verstehen, das ist ja gerade diese unglaubliche Krux. Du kapierst eben nichts.

HERMANN   Jetzt verstehe ich überhaupt nichts mehr.

AGATHE	Es ist so sinnlos, mit dir zu reden und dir etwas beibringen zu wollen. Es ist wie zu einem Kerzenhalter zu reden. Den kann man wenigstens noch anzünden und dann hat man etwas warmes Licht.
HERMANN	Du langst heute aber kräftig zu.
AGATHE	Einmal reicht es eben. Einmal ist das Fass voll. Einmal schnappt auch mir die Geduld über. Ich wollte keine chinesische Mauer heiraten.
HERMANN	Das hast du auch nicht.
AGATHE	Doch, fast ... ein Mauerstück auf zwei Beinen.
HERMANN	Jetzt hör endlich einmal auf mit deinen Kraftausdrücken!
AGATHE	Ich benutze sie so lang, wie ich Lust habe, du langweiliger Kerzenhalter, du Füllersauger, du Briefkopfbeschwerer, du ausgetrocknetes Tintenfass, du Zeitschleuder, du Hornochse, du tauber Sensenflügel, du ungebügelter Zeitgenosse, du ... du hoffnungsloses Fossil, du ...
HERMANN	Also bitte.
AGATHE	Nein, danke, jetzt schneuze ich erst einmal richtig ...

Agathe schneuzt sich die Nase.

AGATHE ... und jetzt geht es weiter, du ... du Propfenzwerg, du schlecht eingelegte Weihnachtsgurke, du ungültige Postleitzahl, du vergilbtes Kuvert, du abgefaxter A4-formatiger Sturkopf, du Elephant im Tintenrohr, du Buchstabenspecht, du Karottenhengst, du 1001 Nacht Schießpulver, du ausgelutschte Flöte, du ... du ...

HERMANN Also, jetzt reicht's bald ...

AGATHE Nein, jetzt komme ich erst richtig in Fahrt. Schreib du schön deinen Brief weiter und lass dich ja nicht aus der Ruhe bringen, du Sockenlutscher, du Obervernunftsrat im Ruhestand, du Grablyriker, du vom Winde verwehtes Radieschen, du ...

Hermann wird lauter.

HERMANN Es reicht.

AGATHE Nein, es reicht noch nicht. Allmählich macht es mir Spaß, du Kupfertrichter, du Domspatz, du Windelknecht, du pseudoerotischer Tieftaucher.

HERMANN	Was war das?
AGATHE	Pseudoerotischer Tieftaucher.
HERMANN	Was, wie bitte?
AGATHE	Pseudoerotischer Tieftaucher.
HERMANN	Ist doch unglaublich.
AGATHE	Ich sag's dir nochmal, du Sonderangebotsrosenliebhaber, du pseudoerotischer Tieftaucher. Wer tief taucht, soll seine Harpune nicht vergessen.
HERMANN	Also, ich glaube, du bist heute wirklich nicht mehr dicht.
AGATHE	Dann schick mich doch zum Psychiater.
HERMANN	Ja, ehrlich.
AGATHE	Ach, mein Turteltäubchen in fester Anstellung, sozusagen häuslich und tariflich unkündbar gebunden, mein vernünftiges Gurrknöchelchen, da bekämst du vielleicht Angst, wenn dein liebes Warteschminkemündchen zum Tralala-Psychiater gehen würde. Was würde da die liebe Nachbarschaft munkeln? Vielleicht, dass es im Ehegetriebe kracht und vielleicht, dass die Kupplung nicht mehr richtig einspringt oder die Zündung und dass das süße, sechszylindrige Ehewägelchen ein kleines Anschubserchen bräuchte.

HERMANN	Also wirklich, was dir so in den Hirnkasten kommt. Wo kommt denn das alles her? Ich bin wirklich platt. Wen habe ich da geheiratet?

Agathe ist inzwischen spürbar lebhafter geworden.

AGATHE	Ja, liebes Hermännchen, vielleicht hast du dem süßen, kleinen Schnuckelgäulchen auf dem süßen, kleinen Standesämtchen nicht genau genug in das süße, kleine Mäulchen geguckt und die süßen, kleinen Giftzähnchen übersehen?
HERMANN	Also wirklich, du solltest dich schämen.
AGATHE	Ja, liebes Hermännchen, ich werde schon zur Beichte gehen und alle meine schlimmen Sünden bekennen, und zwar vor allem, wie ich mein liebes, kleines Hermännchen mit so vielen, ganz schlimmen, selbsterfundenen Worten beworfen habe und so lang beworfen habe, bis das süße, kleine, chinesische Mäuerchen ganz klitze-klatze-platt war. Das werde ich alles beichten und dann brauche ich mich ab nächster Woche, das heißt nach der Beichte, nicht mehr zu schämen.

HERMANN	Du bist wirklich ein Lästermaul.
AGATHE	Also, Hermann, das ist umwerfend. Das war ein Volltreffer. Wie ist dir denn dieser obszöne Begriff eingefallen? Von welchem Planeten ist der denn abgeraspelt? Hermann, aus einem so erzogenen Munde ein solches Schimpfwort, unverzeihlich!
HERMANN	Du dumme Nuss.
AGATHE	Hermann, gewagt, kühn! Unglaublich, ein Schuss aus der avantgardistischen Hüfte. Sagenhaft, Hermann, ich gratuliere, es wird ja berauschend.
HERMANN	Du Papier …, Papier …,
AGATHE	Nun mach schon. Soll ich noch ein bisschen nachschieben? Hermann, nur Mut, noch einmal einen Anlauf.
HERMANN	Du Papier …
AGATHE	Nur Mut, lass man kommen, Hermann, lass die Zügel schwingen.
HERMANN	Du Papierhexe!
AGATHE.	Aber Hermann, das war ein linguistischer Volltreffer. Direkt aus einem Sprachvulkan, so mächtig, es ist kaum glaublich bei all dem gepflegten Umgangston, dessen du dich sonst befleißigst.
HERMANN	Halt jetzt die Klappe!

AGATHE	Hermann, ein kleiner Abstieg ins ländlich-heimatliche Milieu?
HERMANN	Bald geht mir die Geduld aus.
AGATHE	Oh, jetzt droht der Olymp. Gefahr, Gefahr, es röchelt schon im Ofenrohr, welch denkwürdige Versenkung der guten Manieren.
HERMANN	Du blöde Kuh.
AGATHE	Das war fantasielos, Hermann. Das hat schon immer mein Bruder zu mir gesagt. Ich geb dir noch 'ne Chance.
HERMANN	Du Nervensäge, du Danklose, du… du… du…, ach, ach, ach, ach, ich hab keine Lust mehr. Schreib doch den Brief allein. Ich hab keine Lust mehr, schreib den Brief allein, lass mich in Ruhe, geh zu diesem Rosenzüchter. Lass mich in Ruhe, such dir ein besseres Leben aus, lass mich in Ruhe, immer, immer nur, immer nur, immer nur, ich hab keine Lust mehr. Ich werd auch bald wie der Götz von Berlichingen. Ich hab bald keine Lust mehr. Macht doch euren Mist allein!

Hermann schüttelt den Kopf, lässt ihn tief hängen und schüttelt den Kopf weiter.

HERMANN	Ach, lasst mich in Ruhe, lasst mich doch in Ruhe...
AGATHE	Wer ihr?
HERMANN	Ihr alle.
AGATHE	Bin ich denn ihr?
HERMANN	Ihr alle, lasst mich in Ruhe. Immer diese Vorwürfe. Ich verstehe gar nichts mehr. Ich wollte doch nur meine Briefe schreiben, aber es ist nie richtig. Vielleicht sollte ich einfach abhauen, meine Koffer packen und abhauen. Nicht einmal fluchen kann ich richtig. Lasst mich doch in Ruhe – einfach die Koffer packen und abhauen.

Agathe wirkt auf einmal besorgt.

AGATHE	Und wohin, Hermann?
HERMANN	Wo der Pfeffer wächst.
AGATHE	Wo? Ich meine welches Land?
HERMANN	Ich weiß nicht. Einfach wohin, wo ich keine Briefe schreiben muss und wo ich niemanden zu verstehen brauche. Ich verstehe mich ja selbst nicht. Vielleicht nach Goa.
AGATHE	Und wo ist Goa?

HERMANN   Irgendwo in Indien. Ich weiß auch nicht mehr. Ich weiß nicht, wie ich drauf komme. Es soll schön sein. Ach, vielleicht auch woanders hin, einfach weg. Ich will niemanden mehr sehen. Es ist mir zu viel, ich verstehe nichts mehr.
AGATHE   Wo genau ist Goa?
HERMANN   Irgendwo in Indien. Ich glaube, an der Küste. Ich glaube, es war früher einmal portugiesisch.
AGATHE   Kann ich einmal auf dem Atlas nachschauen, wo genau es ist?
HERMANN   Meinetwegen. Es ist mir egal.

Agathe steht auf, geht zum Bücherregal, zieht den Atlas aus dem Regal.

Hermann lässt den Kopf noch tiefer sinken und fängt dann leise an zu weinen. Nach einer Weile holt er ein Taschentuch aus der Tasche, um sich die Tränen aus dem Gesicht zu wischen.

Hermann spricht zu sich.

HERMANN   Es ist lächerlich. Eigentlich wollte ich um acht Uhr mit diesen, diesen Briefen, diesen bescheuerten Briefen fertig sein und jetzt bin ich immer noch nicht fertig und sitze hier und heule.

Agathe steht noch immer am Bücherregal.

AGATHE	Hermann, was hast du gerade gesagt?
HERMANN	Nichts Besonderes.
AGATHE	Sag es doch.

Hermann wischt sich nochmals die Tränen ab.

HERMANN	Es war nichts Besonderes.
AGATHE	Es ist mir nicht wichtig, ob es etwas Besonderes ist oder nicht. Sag es mir bitte.
HERMANN	Es ist doch nur eine Lappalie. Willst du es wirklich wissen?
AGATHE	Ja, wirklich.

Agathe tritt einen Schritt näher.

HERMANN	Dann sag ich's halt. Ich habe nur gesagt, dass ich eigentlich schon um acht Uhr mit diesen ganzen Briefen fertig sein wollte. Und jetzt ist es halb neun geworden und ich sitze hier und heule.
AGATHE	Danke, dass du es mir gesagt hast.

HERMANN	Wieso danke?
AGATHE	Es war mir wichtig, es zu wissen.
HERMANN	Ach!
AGATHE	Ja, einfach so. Übrigens habe ich Goa auf der Landkarte gefunden. Es liegt an der südwestlichen Seite von Indien.
HERMANN	Na gut.

Hermann wischt sich erneut die Tränen aus dem Gesicht.

SZENE 8

Der Raum liegt inzwischen im Halbdunkel.
Es brennt nur das Licht der Schreibtischlampe.

AGATHE Ist es dir nicht zu dunkel?
HERMANN Ach, es spielt keine Rolle.
AGATHE Soll ich nicht das große Licht anmachen?
HERMANN Meinetwegen brauchst du es nicht zu machen. Es ist mir eher angenehm so. Ich weiß sowieso nicht, ach, ich verstehe einfach nichts mehr. Ich habe keine Lust mehr, den Brief zu Ende zu schreiben. Ich lass ihn einfach liegen.
AGATHE Ich habe Hunger. Ich mache mir jetzt eine Schnitte.

Agathe geht in die Küche, während Hermann sitzen bleibt, den Kopf in den Händen vergraben.
Agathe ruft aus der Küche.

AGATHE	Möchtest du nicht auch eine Schnitte, Hermann?
HERMANN	Nein, danke.

Hermann sitzt in seinem Stuhl, immer wieder den Kopf schüttelnd, und murmelt vor sich hin.

HERMANN	Ich verstehe nicht.

Agathe kommt aus der Küche mit der Schnitte Brot zurück.
Hermann murmelt immer noch.

HERMANN	Ich verstehe nicht.
AGATHE	Hermann, was sagst du da?
HERMANN	Ach, ich weiß es nicht.
AGATHE	Du kannst es ruhig sagen.
HERMANN	Ich sage immer nur wieder, dass ich es nicht verstehe. Ich verstehe einfach nichts mehr.
AGATHE	Was ist denn „es" und „nichts"?
HERMANN	Das, was du so meinst?
AGATHE	Du meinst meine Tirade?
HERMANN	Auch das und überhaupt.
AGATHE	Meine Tirade, das kann ich dir gut erklären. Ich habe einfach, wie soll ich sagen, genug davon, immer wieder wie gegen ein Brett,

	wie gegen eine Wand, wie gegen eine chinesische Mauer zu reden und immer das Gefühl zu haben, ich renne nur mit dem Schädel gegen die Wand und hole mir eine blutige Stirn und es geschieht gar nichts.
HERMANN	Aber was mache ich denn falsch? Das ist es, was ich nicht verstehe.
AGATHE	Das kann ich dir genau sagen. Du reagierst einfach nicht. Du sitzt da wie eine Tonfigur und registrierst mich nicht. Ich will nicht immer gegen irgendwelche Papierberge oder Erledigungen oder wer weiß was mich durchbeißen müssen, ehe ich zu dir durchkomme.
HERMANN	Aber wer erledigt denn sonst die Sachen?
AGATHE	Irgendetwas muss anders werden. Ich sage dir ja, ich mache es einfach nicht mehr mit in diesem Stil.
HERMANN	Willst du mir damit drohen?
AGATHE	Nein, ich will dir nur einmal klar machen, dass ich keine Maschine bin. Ich will auch gehört und gesehen werden.
HERMANN	Sehe ich dich denn nicht genug?
AGATHE	Nein, oft nicht.
HERMANN	Oft nicht? Gib mir ein Beispiel.
AGATHE	Willst du es wirklich wissen?

HERMANN	Ja, bitte.
AGATHE	Sieh die Sache mit den Rosen. Du hast es überhaupt nicht gemerkt, nicht von allein und selbst als ich dich darauf aufmerksam machte, dass es eine Überraschung im Zimmer gibt, hast du noch einige Zeit gebraucht, um die Rosen zu entdecken und dann bist du schnell wieder in deine Briefeschreiberroutine untergetaucht. Weg warst du wieder wie ein Stein, der ins Wasser fällt.
HERMANN	Hm, ja. Was hätte ich denn machen sollen?
AGATHE	Das ist es, was mich so auf die Palme bringt. Hast du nicht selbst Augen? Kannst du dich nicht einmal mit deinen Augen im Raum umsehen? Ist alles, was ich mache, eine solche Selbstverständlichkeit? Wie würdest du dir vorkommen, wenn ich an dem, was du machst, keinen Anteil nähme? Hast du heute einmal gefragt, wie mein Tag war?
HERMANN	Nein.
AGATHE	Stimmt. Wenigstens bist du ehrlich. Ich hätte mich einfach gefreut, wenn du, nachdem du die Rosen gesehen hast, deinen Hosenboden vom Schreibtischstuhl hochgehoben hättest, um mir vielleicht

	einen Schritt entgegenzukommen und mir Danke zu sagen.
HERMANN	Es tut mir leid.
AGATHE	Aber der Höhepunkt war die Geschichte, als ich dich fragte, bei dem letzten Brief meine ich, was du da schreibst. Also, da hast du dich wirklich selbst überboten.
HERMANN	Ich wollte doch nur möglichst schnell zum Ende kommen.
AGATHE	Weißt du, das verstehe ich. Aber ich wollte einfach von dir wissen, was du da machst. Verstehst du, Hermann, verstehst du, du bist für mich kein gleichgültiges Einpackpapier oder ein Anrufbeantworter, auf den ich ein paar Sätze spreche, oder eine chinesische Mauer, gegen die ich anrede und von der nur mein eigenes Echo zurückkommt. Verstehst du?

Agathe geht auf Hermann zu.

AGATHE	Ich will mit dir reden, ich will dir etwas sagen dürfen und auch eine Antwort zurückbekommen. Verstehst Du, Hermann, ich will hier nicht in einem schallleeren Glashaus sitzen und den ganzen Tag die

	Tapetenmuster zählen. Ich will wissen, was mit dir ist, was dich beschäftigt und wozu du dir Gedanken machst. Ich habe kein Ziegenhorn geheiratet, in das ich die ganze Zeit hineinblase und es kommt nie ein anderer Ton heraus, als der, den ich hineinblase.
HERMANN	Aber was mache ich denn verkehrt?
AGATHE	Vielleicht machst du gar nichts verkehrt. Ich will nur, dass du mich siehst, und zwar mehr siehst und hörst und fühlst. Du hast Augen und Ohren, na ja, und noch einiges andere. Ich will hier nicht bei lebendigem Leib vertrocknen. Ich bin keine Wüstendüne.
HERMANN	Aber du bist immer so fordernd. Das erschreckt mich.
AGATHE	Es ist kein Fordern. Ich möchte nur, dass du mehr da bist. Es ist mir zu wenig, zu sparsam, zu gequält und zu anstrengend. Ich will mehr Bewegung. Ich will wie eine Fahne im Wind flattern und ich will nicht erst nach der Rente oder als Witwe damit anfangen. Ich will es jetzt und wenn du dazu keine Lust hast, dann sag es mir. Ich möchte nicht mehr so lang warten.
HERMANN	Willst du gehen?

AGATHE	Bitte hör doch zu. Habe ich das gesagt?
HERMANN	Nein.
AGATHE	Was habe ich denn gesagt?
HERMANN	Du hast einiges gesagt. Das Wichtigste war wohl, dass du mehr von mir willst.
AGATHE	Ja, so ungefähr. Ich will jedenfalls nicht wie ein Fisch auf dem Land ersticken.
HERMANN	Und du meinst, es reicht, wenn ich einfach mehr sehe und mehr höre?
AGATHE	Probier es doch einfach einmal, du Hornochse. Wenn du dein Horn abschraubst, wirst du bestimmt auch gleich besser sehen können.
HERMANN	Das ist ja ein sehr kulanter Vergleich.

Agathe lacht.

AGATHE	Hauptsache, es kommt durch.
HERMANN	Ich glaube, ich fange an, es zu kapieren.

Hermann steht auf und geht ans Fenster. Er schaut eine Weile aus dem Fenster.
Auch Agathe schweigt und dreht sich nach einer Weile in ihrem Stuhl um.

AGATHE Wenn mir das gelingt, bei dir durch die chinesische Mauer zu kommen, dann habe ich eine Auszeichnung verdient.

Hermann schweigt. Nach einer Weile sagt er.

HERMANN Ein schöner Mond heute.
AGATHE Ich bin richtig erleichtert, dass du immerhin den Mond wahrnimmst.
HERMANN Stimmt. Das habe ich schon lang nicht mehr gemacht, einfach am Fenster zu stehen und an nichts zu denken. Es ist wirklich lang her. Irgendwie ist auch der Sommer so schnell vorüber gezogen.
AGATHE Verstehst du jetzt, warum ich so heftig geworden bin? Ich will nicht, dass alles so schnell, so selbstverständlich und so bezuglos nebeneinander her- und vorbeizieht. Ich will es nicht. Ich will nicht, dass dann später alles ein einziger grauer Brei von Belanglosigkeiten gewesen ist. Dafür ist mir mein Leben zu kostbar.

Hermann schweigt.

AGATHE	Verstehst du das? Ich meine, kannst du das nachempfinden?
HERMANN	Ja. Ich muss sagen, du hast recht. Aber wahrscheinlich brauche ich noch einiges an Nachilfeunterricht.
AGATHE	Allerdings, und nicht für Jahrzehnte.

Hermann schweigt.
Agathe spricht nach einer Weile.

AGATHE	Was denkst du?

Hermann schweigt noch immer.

AGATHE	Immer noch keine Antwort?
HERMANN	Ich habe mir etwas überlegt. Ich will dich etwas fragen.
AGATHE	Was denn?

Hermann dreht sich um, geht auf Agathe zu und kniet neben ihrem Stuhl auf dem Boden, sodass sein Kopf in gleicher Höhe mit Agathes Kopf ist.

AGATHE	Du kannst es mir sagen. Nur heraus mit der Sprache.

HERMANN	Also, ich möchte dich fragen, ob du mir Nachhilfeunterricht geben möchtest, und zwar als intensiven Crashkurs. Als Gegenleistung lade ich dich nach Goa ein oder St. Goar. Es ist mir wurscht. Es kann auch Hintertupfingen sein.
AGATHE	Okay, das klingt wie eine feine Sache. Das mache ich. Einverstanden.
HERMANN	Danke.

Agathe lacht.

AGATHE	Eins verspreche ich dir schon jetzt.
HERMANN	Was denn?
AGATHE	Ich werde eine Schere mitnehmen.
HERMANN	Und wieso?
AGATHE	Damit ich der Marionette die Fäden abschneide.

Agathe lacht wieder.

HERMANN	In Ordnung. Aber bitte vorsichtig, und ohne mir die Ohren abzuschneiden.
AGATHE	Das verspreche ich dir.
HERMANN	Danke. Dann auf nach, ach, es ist gleichgültig ...

Hermann rückt noch etwas näher an Agathe heran.
Agathe tut desgleichen.

DANK

Es ist mir eine große Freude, den Menschen zu danken, denen es dank ihrer Fähigkeiten, ihres Talents und Feinsinns gelang, die Fäden des Marionettenpferdchens so gedankenreich und umsichtig in der Hand zu halten, dass es sich aus den Manuskriptbögen erheben und in eine Buchform galoppieren konnte. So danke ich Dr. Alexandra Kohlhammer-Dohr für ihre wertvollen, inspirierenden Rückmeldungen zu dem Manuskript, Susanne Kraft für ihre wachsame, professionelle Korrekturarbeit und ihre schönen, hilfreichen Anregungen und Uwe Kohlhammer für das kreative Flair und die Designbegabung, die er der Buchgestaltung zukommen ließ. Peter Mittmann danke ich vielmals für die Liebenswürdigkeit, mir das stimmungsvolle Coverfoto des in Weiß gehüllten Bauwerks zu überlassen.

BÜCHER VON HILDEGUND HEINL UND PETER HEINL

IM THINKAEON VERLAG

Neu erschienen als Buch und als EBook

**UND WIEDER
BLÜHEN DIE ROSEN**

Mein Leben nach dem Schlaganfall

Erstmals erschienen bei Kösel, München, 2001

Heinl, H.: Thinkaeon, London, 2015
(Neuauflage)

Erhältlich über www.Amazon.de

„MAIKÄFER FLIEG,
DEIN VATER IST IM KRIEG ..."
Seelische Wunden aus der Kriegskindheit
Heinl, P.: Kösel, München, 1994, (8. Auflage)

Neu erschienen als Buch und als EBook
„MAIKÄFER FLIEG, DEIN VATER IST IM KRIEG ..."
Seelische Wunden aus der Kriegskindheit
Erstmals erschienen bei Kösel, München, 1994
Heinl, P.: Thinkaeon, London, 2015
Erhältlich über www.Amazon.de

KÖRPERSCHMERZ-SEELENSCHMERZ

Die Psychosomatik des Bewegungssystems
Ein Leitfaden

Heinl, H. und Heinl. P.: Kösel, München 2004
(6. Auflage)

Neu erschienen als Buch und als EBook

KÖRPERSCHMERZ-SEELENSCHMERZ

Die Psychosomatik des Bewegungssystems
Ein Leitfaden

Erstmals erschienen bei Kösel, München, 2004

Heinl, H. und Heinl. P.: Thinkaeon, London, 2015
(Neuauflage)

Erhältlich über www.Amazon.de

Neu erschienen als Buch und als EBook

LICHT IN DEN OZEAN DES UNBEWUSSTEN

Vom intuitiven Denken zur Intuitiven Diagnostik
Ein Leitfaden in den Denkraum

Heinl, P.: Thinkaeon, London, 2014

Erhältlich über www.Amazon.de

Soon available

LIGHT INTO THE OCEAN OF THE UNCONSCIOUS

From Intuitive Thinking to Intuitive Diagnostics
A Path into the Realm of Thinking

Heinl, P.: Thinkaeon, London, 2017

Soon available via Amazon

Neu erschienen als Buch und als EBook

SPLINTERED INNOCENCE

An Intuitive Approach to Treating War Trauma

Erstmals erschienen bei Routledge, London-New York, 2001

Heinl, P.: Thinkaeon, London, 2015

Erhältlich über www.Amazon.de

Neu erschienen als Buch und als EBook

SCHLAFLOSER MOND

Im Labyrinth des Chronischen Erschöpfungssyndroms

Heinl, P.: Thinkaeon, London, 2016

Erhältlich über www.Amazon.de

Neu erschienen als Buch und als EBook
LAVATANZ
Worte im schwebenden Raum
Heinl, P.: Thinkaeon, London, 2016
Erhältlich über www.Amazon.de

Neu erschienen als Buch und als EBook
ESTHER K.
GENANNT EMMA
Eine Märchenfantasie
Heinl, P.: Thinkaeon, London, 2016
Erhältlich über www.Amazon.de

Neu erschienen als Buch und als EBook

LICHTSCHNEE

im Wortraum

Heinl, P.: Thinkaeon, London, 2016

Erhältlich über www.Amazon.de

Neu erschienen als Buch und als EBook

DIE TAGE AM WORTSEE

Roman

Heinl, P.: Thinkaeon, London, 2016

Erhältlich über www.Amazon.de

Neu erschienen als Buch und als EBook
VERSECIRCUS
Heinl, P.: Thinkaeon, London, 2016
Erhältlich über *www.Amazon.de*

Neu erschienen als Buch und als EBook
WEISSES MARIONETTENPFERDCHEN
Theaterspiel
Heinl, P.: Thinkaeon, London, 2017
Erhältlich über *www.Amazon.de*

www.ingramcontent.com/pod-product-compliance
Lightning Source LLC
Chambersburg PA
CBHW071009160426
43193CB00012B/1982